W0020923

Irma Krauß, lebt mit ihrer Familie in der Nähe von Augsburg. Nach ihrem Pädagogikstudium arbeitete sie als Lehrerin und begann 1989 zu schreiben. Seither hat sie zahlreiche Kinder- und Jugendbücher und einen Roman für Erwachsene veröffentlicht. 1998 erhielt sie den Peter-Härtling-Preis für Kinder- und Jugendliteratur.

Eva Czerwenka, geboren 1965 in Straubing, studierte Bildhauerei an der Akademie für Bildende Künste in München und besuchte dort u.a. bei Maria Friedrich das Seminar „Bild und Buch". Seit Abschluss des Studiums arbeitet sie als freie Illustratorin für verschiedene Verlage und als Bildhauerin.

Christiane Hansen ist 1973 in Würzburg geboren. Schon als Kind wollte sie Kinderbuchillustratorin werden. Viele Jahre später studierte sie an der Hochschule für angewandte Wissenschaften in Hamburg. Seit 2000 arbeitet sie als freiberufliche Illustratorin.

Hildegard Müller lebt als Grafikdesignerin, Autorin und Illustratorin in Ginsheim bei Mainz und in Loquard/Ostfriesland. Für ihre Bilderbücher wurde sie bereits mehrfach ausgezeichnet.

Dieser Band enthält die von Irma Krauß neu erzählten Titel:

Lewis Carroll/ Christiane Hansen: *Alice im Wunderland*
James Matthew Barrie / Eva Czerwenka: *Peter Pan*
Gerdt von Bassewitz/ Hildegard Müller: *Peterchens Mondfahrt*

Die schönsten Kinderbuchklassiker zum Vorlesen

**Alice im Wunderland · Peter Pan
Peterchens Mondfahrt**

Arena

1. Auflage als Sammelband 2013
© Arena Verlag GmbH, Würzburg 2013
Alice im Wunderland © Arena Verlag, Würzburg 2008, *Peter Pan* © Arena Verlag, Würzburg 2008,
Peterchens Mondfahrt © Edition Bücherbär im Arena Verlag, Würzburg 2007
Alle Rechte vorbehalten
Texte: Lewis Carroll, James Matthew Barrie, Gerdt von Bassewitz
neu erzählt von Irma Krauß
Illustrationen: Christiane Hansen, Eva Czerwenka, Hildegard Müller
Audio-CD-Arrangement und Musik: Tobias Kretschmer (Mainstudios)
Sprecher: Martin Maria Eschenbach (Alice im Wunderland, Peter Pan) und Markus Grimm (Peterchens Mondfahrt)
Gesamtherstellung: Westermann Druck Zwickau GmbH
ISBN 978-3-401-07689-8

www.arena-verlag.de

Lewis Carroll

Alice
im
Wunderland

Neu erzählt von Irma Krauß
Mit Illustrationen von Christiane Hansen

Überraschung Nr. 1: Das Kaninchen

Alice saß neben ihrer Schwester auf der Gartenbank und langweilte sich.
Da hoppelte, als wäre das nichts, ein weißes Kaninchen vorüber, warf einen Blick auf seine Uhr und jammerte: „Ach, du meine Güte, ich komme zu spät!"
Alice sprang begeistert auf und jagte dem Kaninchen nach. Es verschwand in einem Erdloch, und Alice hüpfte ohne nachzudenken hinterher.
Sie fiel in die Tiefe …
Alice fiel und hörte gar nicht mehr auf zu fallen. Besser gesagt, sie hörte nicht auf, gemächlich zu sinken, sodass sie Zeit hatte, sich die Wände des Schachts anzuschauen. Es ging an Schränken und Regalen vorbei, in denen tausenderlei Sachen waren. Alice nahm ein Marmeladenglas mit und stellte es weiter unten in ein anderes Regal. Immer tiefer sank sie in die Erde hinein, und sie fragte sich, wo sie eigentlich herauskommen würde.
Da landete sie auf einmal ganz weich in einem Laubhaufen.
Das Kaninchen war verschwunden. Doch die nächste Überraschung wartete schon auf Alice.

Überraschung Nr. 2: Der Schrumpfsaft

Alice lief durch einen Tunnel und kam in einen großen Saal. Dort gab es unzählige Türen, die sie nacheinander ausprobierte. Keine ging auf, auch nicht die ganz kleine, die sie hinter einem Vorhang entdeckte.

Doch dann sah Alice einen winzigen goldenen Schlüssel auf einem Glastisch liegen. Sie nahm ihn, bückte sich zum Türchen und schloss es auf.

Ein wunderschöner Garten lag vor ihr – nur hineingehen konnte sie nicht, denn sie war viel zu groß für die kleine Tür. Was für ein Pech aber auch!

Alice sperrte die Tür wieder ab und legte den Schlüssel zurück.

Nun stand plötzlich ein Fläschchen auf dem Glastisch, und Alice las darauf: TRINK MICH. Das Wort GIFT fand sie nicht, und so getraute sie sich zu trinken. Da fühlte sie, wie sie zu schrumpfen begann und kleiner und kleiner wurde, bis sie endlich genau zum Türchen passte.

„Wie wunderbar", rief Alice, „nun kann ich endlich in den Garten gehen."

Nein, konnte sie leider nicht. Denn sie reichte nicht mehr zum Tisch hinauf, auf dem der goldene Schlüssel lag. Klein und traurig stand Alice da, als sie plötzlich ein Döschen auf dem Boden liegen sah.

Darin wartete die nächste Überraschung.

Überraschung Nr. 3: Der Großmachekuchen

Im Döschen war ein winziger Kuchen. ISS MICH stand darauf.
Alice gehorchte und aß den Kuchen.
Sogleich schoss sie in die Höhe und wuchs bis zur Decke.
Jetzt konnte Alice den Schlüssel vom Tisch nehmen – doch wozu?
Riesig, wie sie nun war, passte sie niemals durch die kleine Tür.
„Oh, oh, was mach ich bloß?", sagte Alice und fing vor lauter Hilflosigkeit
zu weinen an. Ihre Tränen tropften auf den Boden, wo sie zu einem See
zusammenflossen.
Da kam das Kaninchen vorbei. Es erblickte die riesengroße Alice,
ließ vor Schreck Fächer und Handschuhe fallen und flitzte davon.
Auf Alice aber wartete die nächste Überraschung.

Überraschung Nr. 4: Der Tränensee

Die große Alice hob weinend den Fächer und die Handschuhe auf. Sie schluchzte und fächelte sich und merkte dabei auf einmal, dass ihr die kleinen Handschuhe des Kaninchens passten.

Herrje, sie war ja wieder geschrumpft – und schrumpfte weiter!

Das konnte nur am Fächer liegen. Schnell warf sie ihn weg – gerade noch rechtzeitig! Sie war bereits so winzig, dass sie an den Schlüssel auf dem Tisch nicht einmal mehr zu denken brauchte.

Alice rannte verzweifelt am See entlang, den sie selbst geweint hatte.

Plötzlich rutschte sie auch noch aus und fiel hinein!

Alice paddelte hilflos im Wasser, bis sie sich endlich daran erinnerte, dass sie ja schwimmen konnte.

Und die nächste Überraschung schwamm bereits neben ihr.

Überraschung Nr. 5: Die Schwimmtiere

Nicht nur Alice war in den Tränensee gefallen, auch eine Maus zappelte darin
herum. Und dazu noch eine Ente, ein Pelikan, ein Papagei und ein Adler.
Sie alle schwammen hinter der winzig kleinen Alice zum Ufer.
Dort kletterten sie aus dem Wasser und bibberten vor Kälte.
„Wir machen ein Wettrennen, dann werden wir trocken und warm",
schnatterte der Pelikan.
Sie stellten sich im Kreis auf, und jeder lief los, wann immer er wollte.
Als alle trocken waren, rief der Pelikan: „Stopp, das Rennen ist aus!"
„Wer hat denn gewonnen?", schnauften Alice und die Tiere.
„Jeder", sagte der Pelikan.

Die Maus begann ihre Lebensgeschichte zu erzählen. Doch weil niemand richtig zuhörte und alle durcheinanderredeten, gab sie es beleidigt auf und lief weg. „Bleib doch!", riefen die Tiere ihr nach.

„Wenn ich nur meine Dina hier hätte", meinte die winzig kleine Alice. „Sie würde die Maus ganz schnell zurückholen!"

„Wer soll das denn sein?", fragte der Papagei.

„Meine Katze", sagte Alice.

Da flüchteten die Vögel ebenso schnell, wie die Maus verschwunden war.

Und Alice machte sich auf die nächste Überraschung gefasst.

Überraschung Nr. 6: Das Kaninchenhaus

Kaum waren die Vögel weg, tauchte das
Weiße Kaninchen wieder auf. „Wo hab ich sie
nur verloren?", jammerte es und meinte damit
den Fächer und die Handschuhe. Aber beides
war verschwunden, wie auch der Saal mit dem Tränensee.
„Mary Ann", sagte das Kaninchen und hatte nun keine Angst mehr
vor Alice, „lauf nach Hause, und hol mir einen Fächer und ein Paar Handschuhe!"
Alice hieß zwar nicht Mary Ann, doch sie lief gehorsam los und kam bald zu
einem kleinen Haus. Sie rannte die Treppe hinauf und fand in einem Zimmer
Fächer, Handschuhe und – ein Fläschchen.
Neugierig trank Alice daraus. Sie wuchs so schnell, dass ihr Kopf gegen
die Zimmerdecke knallte und sie sich völlig im Zimmer festklemmte.
„Mary Ann!", rief das Kaninchen ungeduldig. Es versuchte vergeblich,
die Tür aufzudrücken. Dann lief es vors Haus.
Als das Kaninchen die riesengroße Hand von Alice aus dem Fenster ragen sah,
fiel es vor Schreck ins Gemüsebeet und rief nach seinem Freund Bill.
Bill stellte eine Leiter ans Haus und rutschte durch den Kamin hinab.
Alice, die ihren Fuß im Kamin hatte, hörte ihn kommen und gab ihm
vorsichtshalber einen Tritt – sie wusste ja nicht, wer Bill war und wie
gefährlich er vielleicht war.
Bill, die Eidechse, sauste wie eine Rakete aus dem Kamin.
„Wir müssen das Haus niederbrennen", rief das Kaninchen.
„Wenn ihr das tut, hetze ich Dina auf euch!", schrie Alice.
Da wurde es draußen ganz still,
und Alice wartete auf die nächste Überraschung.

Überraschung Nr. 7: Die Kieselkekse

Alice war noch im Kaninchenhaus festgeklemmt, als ein Schauer von Kieselsteinen
zum Fenster hereinprasselte.
Sobald die Steine aber den Boden berührten, verwandelten sie sich in Kekse.
Das gab Alice zu denken. Sie erinnerte sich daran, dass sie jedes Mal wuchs
oder schrumpfte, wenn sie in diesem Wunderland etwas aß oder trank,
und so biss sie mutig in einen Keks.
Und wirklich: Sie schrumpfte. Sobald sie klein genug war, riss sie die Tür auf,
stürzte aus dem Kaninchenhaus und rannte den Tieren davon.
Alice war nun allerdings so klein, dass sie sehr aufpassen musste. Sie lief
in den Wald. Als sie keine Kraft mehr hatte, setzte sie sich unter
einen Pilz, um sich auszuruhen.
Die nächste Überraschung ließ nicht lange
auf sich warten.

Überraschung Nr. 8: Der Wunderpilz

Auf dem Pilz saß eine blaue Raupe und rauchte Pfeife.

„Wer bist du?", fragte die Raupe.

„Ich weiß es nicht genau", sagte Alice. „Ich habe mich heute schon so oft verwandelt …"

„Ganz ruhig", sagte die Raupe und ließ Alice ein Gedicht aufsagen.

Alice probierte es, aber das Gedicht war von vorn bis hinten falsch.

„Wenn ich nur meine richtige Größe hätte", sagte Alice, „dann könnte ich es. Acht Zentimeter sind doch eine jämmerliche Länge!"

„Im Gegenteil", widersprach die Raupe beleidigt, denn sie war genau acht Zentimeter lang. Dann rutschte sie vom Pilz herunter und kroch davon, wobei sie murmelte: „Die eine Seite vom Pilz wird dich größer machen, die andere Seite wird dich kleiner machen."

Da der Pilz rund war, brach Alice einfach von jeder Seite ein Stückchen ab. Als sie ins rechte Stückchen biss, schrumpfte sie sofort. Es ging so schnell, dass sie gerade noch vom linken Stückchen abbeißen konnte, ehe sie völlig verschwunden war. Doch nun wuchs sie in rasender Geschwindigkeit nach oben, bis sie den ganzen Wald überragte.

„Hilfe!", schrie eine Taube.

„Keine Angst, ich bin nur ein kleines Mädchen", sagte Alice.

„Du kannst mir viel erzählen", sagte die Taube und breitete ihre Flügel über die Eier in ihrem Nest.

Alice war nun vorsichtig und knabberte abwechselnd vom einen und vom anderen Stück, bis sie endlich ihre natürliche Größe wiederhatte.

Jetzt war sie für die nächste Überraschung bereit.

Überraschung Nr. 9: Das Baby der Herzogin

Alice kam zu einem Haus, das nicht größer war als ein Spielhaus. Sie machte sich mithilfe des Wunderpilzes kleiner, denn sie wollte die Bewohner nicht erschrecken. Alice beobachtete, wie ein Diener, der aussah wie ein Fisch, einem Frosch in Dienerkleidung einen Brief gab. „Für die Herzogin", sagte er. „Eine Einladung von der Königin." Beide Diener verbeugten sich so tief, dass ihre Perücken zusammenstießen.

Im Häuschen war ein Höllenlärm. Die Tür sprang auf, ein Teller segelte heraus und zerschellte an einem Baum. Alice wagte sich trotzdem hinein.

In einer verqualmten Küche saß die Herzogin und wiegte ein Baby, das brüllte und nieste. Am Herd hockte eine Katze, die grinste. Neben ihr rührte die Köchin in einem Topf.

„Da ist zu viel Pfeffer drin", sagte Alice und nieste ebenfalls.

Die Köchin drehte sich um. Sie warf ein paar Teller und Schüsseln nach der Herzogin.

„Hören Sie doch auf!", jammerte Alice.
Das Baby brüllte wie am Spieß.
Die Herzogin schaukelte
es wild und sang dazu:
„Ich schimpfe, wenn mein Junge niest,
klopf ihm die Hose aus.
Streut auch die Köchin, dieses Biest,
den Pfeffer rum im Haus!"

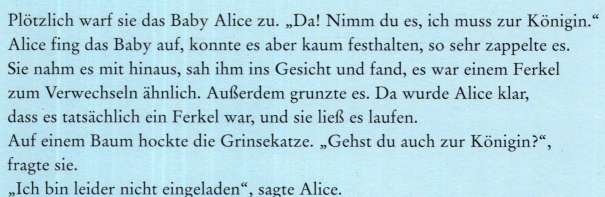

Plötzlich warf sie das Baby Alice zu. „Da! Nimm du es, ich muss zur Königin."
Alice fing das Baby auf, konnte es aber kaum festhalten, so sehr zappelte es.
Sie nahm es mit hinaus, sah ihm ins Gesicht und fand, es war einem Ferkel
zum Verwechseln ähnlich. Außerdem grunzte es. Da wurde Alice klar,
dass es tatsächlich ein Ferkel war, und sie ließ es laufen.
Auf einem Baum hockte die Grinsekatze. „Gehst du auch zur Königin?",
fragte sie.
„Ich bin leider nicht eingeladen", sagte Alice.
„Dort wirst du mich wiedersehen", sagte die Katze rätselhaft
und wurde immer blasser. Ihr Grinsen war noch am längsten zu sehen.
Alice machte sich auf, um die nächste Überraschung zu erleben.

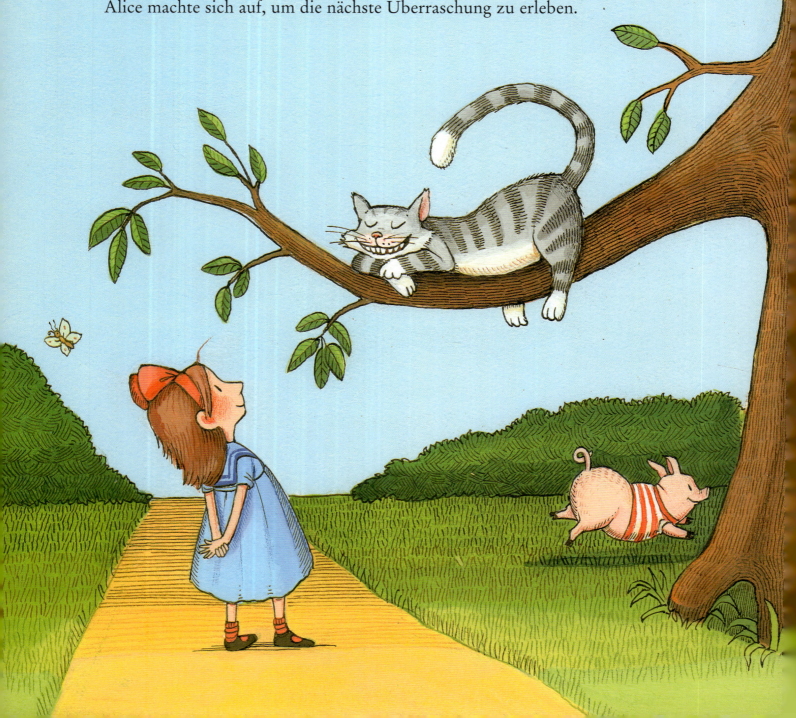

Alice kam zu einem Häuschen,
 das hatte Schornsteine wie Hasenohren,
und sein Dach war mit Hasenfell gedeckt. Es war das
Haus des Märzhasen. Alice vergrößerte sich sicherheitshalber.
Unter einem Baum saß der Märzhase und trank mit dem Hutmacher Tee.
„Kein Platz mehr!", riefen die beiden Alice entgegen.
„Gar nicht wahr", sagte Alice und setzte sich ans andere Ende des langen Tisches,
der voller Geschirr stand.
„Du solltest dir die Haare schneiden lassen", schlug ihr der Hutmacher vor.

Er betrachtete besorgt seine Uhr und schüttelte sie. Dann wandte er sich an den
Märzhasen. „Ich hab dir doch gesagt, dass Butter für Uhrwerke nicht geeignet ist!"
„Es war aber sehr gute Butter", sagte der Märzhase, griff nach der Uhr
und tunkte sie in seine Teetasse.
Alice guckte ihm über die Schulter. „Oh, die zeigt ja keine Stunden,
sondern Tage an!"

„Natürlich", sagte der Hutmacher. „Kennst du übrigens Frau Zeit? Wenn du dich gut mit ihr verstehst, macht sie mit der Uhr, was du willst. Nehmen wir an, es ist Schulbeginn. Du wisperst Frau Zeit eine kleine Bitte zu, da lässt sie schon den Zeiger herumwirbeln, und es ist Schulschluss. Aber leider", seufzte der Hutmacher, „gehorcht mir die Zeit nicht mehr. Sie steht einfach still. Es bleibt immer sechs Uhr. Teezeit."

„Ach", sagte Alice, „steht deshalb bei euch so viel Geschirr auf dem Tisch?"

„Ja. Wir müssen immer Tee trinken und können leider nie abspülen."

Zwischen dem Märzhasen und dem Hutmacher schlief eine Haselmaus. Die beiden zwickten sie und verlangten: „Erzähl uns eine Geschichte!"

Die Haselmaus begann: „Es waren einmal drei kleine Schwestern. Sie wohnten in einem Brunnen."

„Was aßen sie?", fragte Alice.

„Sirup", sagte die Haselmaus. „Sie konnten Sirup pressen. Und außerdem pressten sie dann noch alles, was mit M anfängt: Mausefallen, Monde, Märchen und Murmeln. Kannst du das auch?"

„Ich denke nicht", sagte Alice.

„Dann solltest du den Schnabel halten", bemerkte der Hutmacher.

Alice sprang beleidigt auf. Sie sah noch, dass der Hutmacher und der Märzhase versuchten, die Haselmaus in die Teekanne zu stopfen, dann ging sie ihrer nächsten Überraschung entgegen.

Überraschung Nr. 11: Das königliche Spiel

Alice kam zu einem Baum mit einer Tür. Sie öffnete die Tür und war nun zum zweiten Mal im Saal mit dem gläsernen Tisch. Diesmal nahm sie gleich das goldene Schlüsselchen, schloss die kleine Tür zum Garten auf, aß etwas von dem Pilz und verkürzte sich auf die passende Größe.

Am Eingang stand ein Rosenbusch mit weißen Blüten.

Drei Gärtnerinnen malten die Blüten rot an.

„Warum macht ihr das?", fragte Alice.

„Wir haben aus Versehen einen weißen Rosenbusch gepflanzt", flüsterten die Gärtnerinnen. „Wenn die Königin das merkt … "

Plötzlich warfen sie sich zu Boden, denn die Herzkönigin kam mit dem Herzkönig, dem Herzbuben und mit großem Gefolge: mit Soldaten, Höflingen und Gästen. Alle sahen sie wie Spielkarten aus. Und mitten unter ihnen hüpfte das Weiße Kaninchen. Vor Alice blieben sie stehen.

„Wie heißt du?", wollte die Königin wissen.

„Alice", sagte Alice.

„Und wer sind die?" Die Königin zeigte auf die Gärtnerinnen, die auf dem Bauch lagen; sie hatten auf dem Rücken das gleiche Muster wie alle anderen Spielkarten.

„Woher soll ich das wissen?", sagte Alice.

Die Königin wurde knallrot vor Wut. „Dreh die drei um!", befahl sie dem Herzbuben. Sie wandte sich an die Soldaten. „Bestraft sie! Und du", sagte sie zu Alice, „kannst du Krocket spielen?"

„Jawohl", sagte Alice.

„Dann komm mit!" Der Festzug setzte sich wieder in Bewegung.

Nur drei Soldaten blieben zurück. Doch sie konnten die Gärtnerinnen nicht finden, denn Alice hatte sie schnell versteckt.

Dann begann das Krocketspiel. Die Kugeln waren Igel, und die Schläger waren Flamingos. Die Tore wurden von Soldaten gebildet, die sich dafür krumm bogen. Alice klemmte sich ihren Flamingo unter den Arm.

Doch immer, wenn sie einen Igel wegschlagen wollte, riss der Flamingo den Kopf hoch. Hatte sie ihn wieder zurückgedrückt, so lief ihr der Igel davon. Oder die Soldaten rannten zur anderen Seite des Platzes.

Alle Teilnehmer spielten gleichzeitig und stritten sich ständig.

Die Königin kochte vor Zorn. Sie wollte alle gefangen nehmen lassen.

Alice dachte schon daran zu verschwinden, als sie plötzlich in der Luft das Grinsen der Grinsekatze sah.

„Wie findest du das Spiel?", fragte die Katze.

„Unmöglich", sagte Alice. „Alle zanken sich, und die Spielgeräte sind lebendig und laufen weg!"

„Gefällt dir die Königin?"

„Überhaupt nicht! Sie ist so unheimlich … geschickt im Spiel", sagte Alice hastig, denn die Königin stand genau hinter ihr.

„Mit wem sprichst du?", wollte der König wissen.

„Mit der Grinsekatze der Herzogin", sagte Alice.

„Schlagt ihr den Kopf ab", verlangte die Königin.

Doch da verblasste der Katzenkopf bereits und – puff! – weg war er.

Das Spiel ging weiter. Die Königin brüllte ihre Gäste an, verurteilte sie zum Tode und ließ sie von den Soldaten gefangen nehmen, sodass keine Soldaten mehr für die Tore übrig waren.

Da war das Spiel beendet, und der König begnadigte die Gäste hinter dem Rücken der Königin.

Alice sah gespannt der nächsten Überraschung entgegen.

Überraschung Nr. 12: Der Hummertanz

Die Königin brachte Alice
zu einem schlafenden Greifen.
„Wach auf, du Faulpelz!",
schrie sie.
„Bring diese junge Dame
zur falschen Suppenschildkröte!
Ich muss mich um meine
Gefangenen kümmern."

Sie wusste ja nicht, dass der König
bereits alle freigelassen hatte.
Der Greif ging mit Alice zur falschen
Suppenschildkröte. Die saß auf einem
Stein und schluchzte. Dann fing sie an,
von ihrem früheren Leben im Meer
zu erzählen.

Das Schönste musste der
Hummertanz gewesen sein,
und den führten der Greif und
die falsche Suppenschildkröte
nun Alice vor. Sie sangen ein
schrecklich langes Lied, und
jede Strophe endete mit:
„Willst du nicht dabei sein bei
dem wunderschönen Tanz?"

Alice wollte nicht. „Vielen Dank", sagte sie erleichtert, als es endlich vorüber war.

„Weißt du, warum Weißfische Weißfische heißen?", fragte der Greif.

„Nein, warum?"

„Weil sie alles wissen", sagte der Greif.

„Wissen sie auch, warum die Königin so böse ist?", fragte Alice.

„Na klar", sagte der Greif. Doch dann wollte er, dass Alice ein Gedicht aufsagen sollte.

Sie versuchte es, und wieder kam nur lauter Unsinn heraus.

„Hör besser auf", sagte der Greif. „Sing ihr einmal das Lied von der echten Schildkrötensuppe vor, altes Mädchen", verlangte er von der falschen Suppenschildkröte.

Die falsche Suppenschildkröte schluchzte und sang:

„Liebliche Suppe, leckere, grüne,
dampfst so erregend in der Terrine!
Solch eine Suppe ist keinem schnuppe,
ja, keinem schnuppe ist solch eine Suppe!"

Da rief jemand von fern: „Die Gerichtsverhandlung beginnt!"

Der Greif packte Alice bei der Hand. „Komm mit!"

Die nächste Überraschung stand ihr bevor.

Überraschung Nr. 13: Der nächste Zeuge

Die Herzkönigin und der Herzkönig saßen auf dem Thron, umgeben vom gesamten Kartenspiel und einer großen Menge verschiedener Tiere. Der König hatte sich eine Perücke aufgesetzt und spielte Richter. Zwölf Tiere saßen auf der Geschworenen- bank und kritzelten ihre Namen auf Täfelchen, um sie nicht zu vergessen.

Angeklagt war der Herzbube. Er war gefesselt und wurde von Soldaten bewacht.

Das Weiße Kaninchen stieß in eine Trompete und verlas die Anklageschrift.

„Herzkönigin buk ein paar Törtchen, da schlich Herzbube herbei
und schnappte sie – eins, zwei, drei."

„Ruf den ersten Zeugen auf", sagte der König.

Das Kaninchen stieß wieder in die Trompete.

Der erste Zeuge war der Hutmacher.

„Zittere nicht!", befahl ihm der König.

Der Hutmacher biss vor Angst ein Stück von seiner Teetasse ab,
die er noch in der Hand hielt.

Da spürte Alice etwas sehr Merkwürdiges: Sie begann wieder zu wachsen.
Doch so lange sie noch Platz hatte, wollte sie bleiben.
Der arme Hutmacher schlotterte dermaßen, dass ihm die Schuhe von den Füßen
flogen. „Es begann mit meinem Tee – etwas tummelte sich darin", stammelte er.
„Und der Märzhase sagte ..."
„Das stimmt nicht!", schrie der Märzhase.
„Er leugnet", stellte der König fest und befahl dann: „Verschwinde, Hutmacher!
Der nächste Zeuge!"
Das war die Köchin der Herzogin. Sie hatte ihre Pfefferdose dabei,
und alle begannen zu niesen.
„Was brauchst du zum Törtchenbacken?", donnerte der König.
 „Pfeffer", sagte die Köchin.
  „Sirup!", piepste die Haselmaus.
   „Fangt die Haselmaus!", schrie die Königin. Ein Tumult brach aus.
    „Der nächste Zeuge!", rief der König.
     Das Kaninchen sah in der Liste nach. Der nächste Zeuge war – Alice.
      Und die letzte Überraschung wartete auf sie.

Überraschung Nr. 14:
Lauter Spielkarten

„Hier!", rief Alice und sprang so hastig auf, dass die Geschworenenbank umkippte. Sie war ja in den letzten Minuten so groß geworden.

„Was weißt du von dem Törtchendiebstahl?", wollte der König wissen.

„Nichts", sagte Alice.

Der König nickte den Geschworenen zu. „Schreibt das auf, das ist wichtig."

Er blätterte in seinem Notizbuch und las dann vor: „Paragraf 42: Personen, die über einen Kilometer groß sind, verlassen den Gerichtssaal."

Alle blickten Alice an.

„Ich bin keinen Kilometer groß", verteidigte sich Alice.

„Mindestens zwei Kilometer groß!", sagte die Königin.

„Sie haben den Paragrafen gerade erst erfunden", sagte Alice zum König.

„Nein, es ist der älteste Paragraf des Gesetzbuches", behauptete der König.

„Dann müsste er die Nummer 1 haben", sagte Alice.

Der König wurde blass. „Jetzt sollen die Geschworenen ihr Urteil …"

„Das ist doch alles reiner Quatsch!", fiel ihm Alice ins Wort. Sie war inzwischen so groß geworden, dass sie keine Angst mehr hatte.

„Erst der Richterspruch, dann die Meinung der Geschworenen!",
brüllte die Königin.

„Falsche Reihenfolge!", rief Alice.

„Halt den Schnabel!", kreischte die Königin.

„Ich denke nicht daran. Ihr seid ja alle nur Spielkarten!"

Als Alice das sagte, wirbelte das ganze Kartenspiel durch die Luft
und flatterte auf sie herab.

Sie schrie auf und versuchte, die Karten wegzuschlagen. Doch es waren gar
keine Karten. Alice lag auf der Bank unter dem Baum, und ihre große Schwester
wedelte ihr ein paar herabgefallene Blätter vom Gesicht.

„Wach auf, Alice", sagte die Schwester. „Du hast aber lange geschlafen!"

„Geschlafen?", sagte Alice. „Ich habe die allermerkwürdigsten Überraschungen
erlebt! Ein weißes Kaninchen kam vorübergehoppelt … Ach, mach doch mal
die Augen zu, vielleicht siehst du es selbst!"

James Matthew Barrie

Peter Pan

Neu erzählt von Irma Krauß
Mit Illustrationen von Eva Czerwenka

Alle Kinder kennen aus ihren Träumen das Nimmerland,
aber wenn sie erwachsen werden, vergessen sie es.
Im Nimmerland lebt das einzige Kind, das niemals erwachsen wird: Peter Pan.
Wendy träumte oft von ihm.

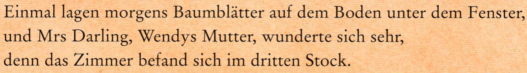

Einmal lagen morgens Baumblätter auf dem Boden unter dem Fenster,
und Mrs Darling, Wendys Mutter, wunderte sich sehr,
denn das Zimmer befand sich im dritten Stock.
„Peter Pan wischt sich doch nie die Füße ab", seufzte Wendy.
Da erinnerte sich ihre Mutter: Als kleines Mädchen traf sie auch
einen Peter Pan in ihren Träumen.
Mr Darling, Wendys Vater, erinnerte sich nicht. Er sagte: „Es gibt keinen
Peter Pan! An diesem Unsinn ist nur unser Kindermädchen schuld!"
Das Kindermädchen hieß Nana und war ein Neufundländer.
Nana wohnte in einer Hundehütte im Kinderzimmer und passte auf Wendy
und ihre Brüder John und Michael auf.

Eines Abends saß Mrs Darling am Kamin und nähte. Plötzlich schreckte sie hoch:
Das Fenster zum Kinderzimmer war aufgeflogen, ein eigenartiges kleines Licht
flitzte herein, und dann stand Peter Pan höchstpersönlich auf der Fensterbank.
Nana war mit einem Satz beim Fenster. Peter sprang hinaus, das Fenster
schlug zu und trennte dabei seinen Schatten ab.
Mrs Darling legte den Schatten in eine Schublade und erzählte dann
Mr Darling davon.
„So ein Unsinn" war alles, was Mr Darling zu sagen hatte, und er brachte Nana
in den Hof, wo er sie ankettete. Nana bellte schrecklich. Wer sollte nun
auf die Kinder aufpassen, während ihre Eltern ausgingen?

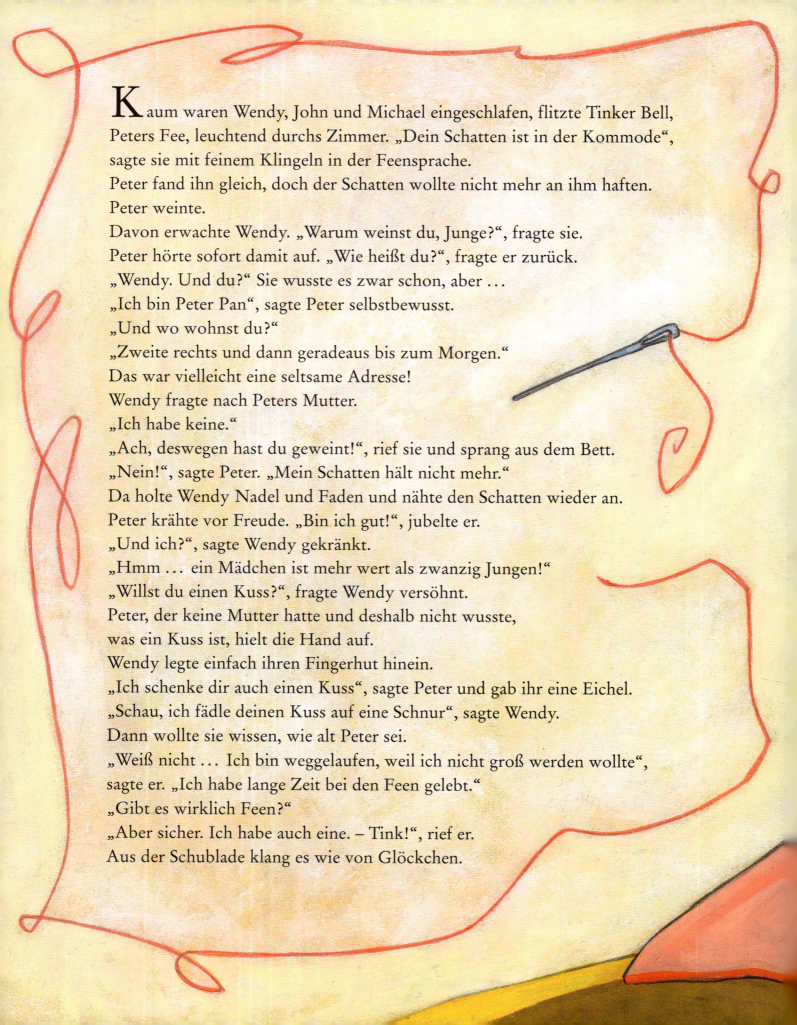

Kaum waren Wendy, John und Michael eingeschlafen, flitzte Tinker Bell, Peters Fee, leuchtend durchs Zimmer. „Dein Schatten ist in der Kommode", sagte sie mit feinem Klingeln in der Feensprache.

Peter fand ihn gleich, doch der Schatten wollte nicht mehr an ihm haften. Peter weinte.

Davon erwachte Wendy. „Warum weinst du, Junge?", fragte sie.

Peter hörte sofort damit auf. „Wie heißt du?", fragte er zurück.

„Wendy. Und du?" Sie wusste es zwar schon, aber …

„Ich bin Peter Pan", sagte Peter selbstbewusst.

„Und wo wohnst du?"

„Zweite rechts und dann geradeaus bis zum Morgen."

Das war vielleicht eine seltsame Adresse!

Wendy fragte nach Peters Mutter.

„Ich habe keine."

„Ach, deswegen hast du geweint!", rief sie und sprang aus dem Bett.

„Nein!", sagte Peter. „Mein Schatten hält nicht mehr."

Da holte Wendy Nadel und Faden und nähte den Schatten wieder an.

Peter krähte vor Freude. „Bin ich gut!", jubelte er.

„Und ich?", sagte Wendy gekränkt.

„Hmm … ein Mädchen ist mehr wert als zwanzig Jungen!"

„Willst du einen Kuss?", fragte Wendy versöhnt.

Peter, der keine Mutter hatte und deshalb nicht wusste, was ein Kuss ist, hielt die Hand auf.

Wendy legte einfach ihren Fingerhut hinein.

„Ich schenke dir auch einen Kuss", sagte Peter und gab ihr eine Eichel.

„Schau, ich fädle deinen Kuss auf eine Schnur", sagte Wendy.

Dann wollte sie wissen, wie alt Peter sei.

„Weiß nicht … Ich bin weggelaufen, weil ich nicht groß werden wollte", sagte er. „Ich habe lange Zeit bei den Feen gelebt."

„Gibt es wirklich Feen?"

„Aber sicher. Ich habe auch eine. – Tink!", rief er.

Aus der Schublade klang es wie von Glöckchen.

„Oh, ich hab sie eingeschlossen." Peter lachte und befreite Tink.
„Du dusseliger Dussel!", schimpfte sie und flitzte durch die Luft.
„Wie hübsch sie ist", sagte Wendy. „Kann sie auch meine Fee sein?"
Tinker Bell klingelte heftig. „Nein", übersetzte Peter und erzählte Wendy dann,
dass er und Tink jetzt bei den Verlorenen Jungen lebten. „Sie wurden nach
Nimmerland geschickt, weil sie aus dem Kinderwagen gefallen sind,
und ich bin ihr Anführer", erklärte Peter. „Oh, komm doch mit,
und erzähle uns Geschichten!", sagte er sehnsuchtsvoll. „Ich horche immer
an deinem Fenster, wenn die schöne Dame euch Geschichten erzählt."
„Das ist unsere Mutter", sagte Wendy.
„Du könntest uns abends ins Bett bringen.
Und ich zeige dir die Meerjungfrauen …"

Wendy überlegte. Dann fragte sie: „Können wir auch John und Michael mitnehmen?"

„Wenn es sein muss", seufzte Peter. Er blies Feenstaub auf die drei Kinder und sagte: „Ihr müsst an etwas Schönes denken!"

Als sie das machten, hoben die Kinder vom Boden ab und flogen hinter Peter Pan zum Fenster hinaus. Und Nana, die immer noch im Hof angekettet war, konnte gar nichts dagegen tun.

Der Weg zum Nimmerland war weit und führte übers Meer. Peter zeigte den Kindern, wie man sich flach auf einen starken Wind legte, um ein wenig zu schlafen. Peter selbst schlief nie lange, sondern verschwand immer wieder, um Abenteuer zu erleben.

Die Sonne schickte goldene Pfeile aus, und endlich sahen sie das Nimmerland unter sich liegen. Als die Pfeile verglühten, wurde die Insel dunkel und unheimlich. Das einzige Licht kam noch von Tink.

Nur Peter hatte keine Angst. „Genau unter uns ist ein Pirat", sagte er.

„Oh! Hast du schon gegen viele Piraten gekämpft?", fragte John.

„Klar. Gegen Millionen Piraten und gegen Käpten Hook!"

„Wie … wie sieht er aus?"

„Grausig. Ich habe ihm die rechte Hand abgesäbelt. Dort hat er jetzt einen eisernen Haken. Übrigens, sobald die Piraten Tinks Licht sehen, werden sie die Kanone abfeuern."

Peter steckte Tink in Johns Hut und gab den Hut Wendy.

Ohne das Feenlicht war es nun ganz dunkel. Und unheimlich still.

Bis die Kanone feuerte. Peter wurde weit übers Meer geschleudert – und Wendy mit Tink hoch in die Wolken hinauf. „Wie finde ich jetzt John und Michael?", jammerte Wendy.

„Folge mir, und alles wird gut", bimmelte Tink und flog mit ihrem Licht lockend voraus.

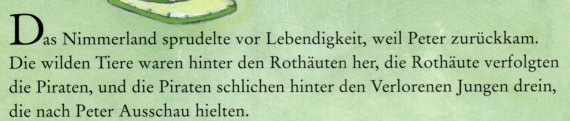

Das Nimmerland sprudelte vor Lebendigkeit, weil Peter zurückkam. Die wilden Tiere waren hinter den Rothäuten her, die Rothäute verfolgten die Piraten, und die Piraten schlichen hinter den Verlorenen Jungen drein, die nach Peter Ausschau hielten.

Die Verlorenen Jungen – Tuut, Nibs, Null und wie sie alle hießen – entwischten den Piraten. Durch sieben hohle Bäume rutschten sie in ihr unterirdisches Haus hinab.

Käpten Hook war wieder zu spät gekommen. „Ich will ihren Anführer!", zischte er und setzte sich auf einen Pilz. „Peter Pan hat meine Hand einem Krokodil vorgeworfen. Und seitdem ist das Krokodil hinter mir her, weil es mich ganz haben will! Wenn dieses Krokodil nicht auch eine Uhr verschluckt hätte, sodass ich es rechtzeitig ticken höre, hätte es mich schon längst erwischt."

„Und wenn die Uhr einmal abläuft?", fragte Bootsmann Smee.

„Aye, das ist meine Angst." Plötzlich sprang Hook auf. „Tod und Teufel, ist das ein heißer Platz!" Er zerrte an dem Pilz und hatte ihn auf einmal in der Hand. Aus dem Loch in der Erde kam Rauch. „Ein Kamin!", murmelte Hook. Durch den Kamin hörte er die Stimmen der Jungen.

Ein eiskaltes Lächeln erschien auf Hooks Gesicht. „Peter Pan ist nicht da, Smee! Wir gehen zum Schiff und backen einen Kuchen mit … hmm … Zuckerguss. Den werden die Jungen essen und – sterben."

Doch mit einem Mal verging Hook das Grinsen.

„Tick, tick, tick, tick …", tickte es leise.

„Das Krokodil", japste der Käpten und rannte davon.

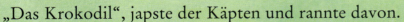

Als die Jungen wieder aus ihrem Haus kamen, zeigte Nibs zum Himmel. „Da!" Etwas flog auf sie zu; es sah wie ein großer weißer Vogel aus, begleitet von Tinker Bell, die klingelnd rief: „Peter möchte, dass ihr die Wendy abschießt!"

Wenn Peter etwas befahl, wurde nicht lange gefragt.

Und so legte Tuut einen Pfeil an und schoss.

Wendy flatterte getroffen zu Boden.

Im selben Moment traf Peter ein. „Ich habe euch eine Mutter mitgebracht! Sie müsste eigentlich schon hier sein . . .", rief er.

Dann sah er, was am Boden lag. „Wendy", flüsterte er und zog den Pfeil heraus, der in seinem Kuss steckte – oh, wenn Wendy die Eichel nicht um den Hals getragen hätte! Tink schimpfte, weil Wendy lebte, wenn sie auch die Augen noch geschlossen hatte.

„Verschwinde!", schrie Peter Tink an. Zu den Jungen sagte er: „Wir bauen ein kleines Haus um Wendy herum."

Und Wendy begann, im Schlaf zu singen: „Ich wünsche mir ein hübsches Haus, ganz winzig klein, nicht groß. Die Wände wären drollig rot, das Dach wär grün von Moos."

Die Jungen glucksten vor Freude. Sie klebten Äste mit rotem Beerensaft zusammen, belegten das Dach mit Moos und sangen dann: „Fertig sind die kleinen Wände, das Dach, die Tür so fein. Nun sag uns, liebe Mutter Wendy, was darf's denn sonst noch sein?"

Wendy wollte Fenster haben, durch die Rosen hereinschauen sollten.

Ganz zuletzt klopften die Jungen an die Tür.

Sie ging auf, und eine Dame kam heraus.

„Oh, Wendy-Dame, sei unsere Mutter!", riefen sie.

„Kommt herein", sagte Wendy. „Ich stecke euch ins Bett und erzähle euch die Geschichte von Cinderella."

Alle Jungen passten in das winzige Haus, auch John und Michael – das gab es nur im Nimmerland.

Peter nahm Wendys, Johns und Michaels Maße für die hohlen Bäume, denn nur durch den passenden Baum kam man ins unterirdische Haus. Man hielt die Luft an und rutschte hinunter. Wollte man hinauf, so pustete man sie in kleinen Stößen aus und schlängelte sich geschmeidig nach oben. Das Haus hatte ein großes Zimmer, in dessen Mitte ein Nimmerbaum wuchs. Es gab einen Kamin, über dem Wendy an einer Leine die Wäsche trocknete, und nur ein Bett. Alle Jungen schliefen darin, und wenn einer das Zeichen gab, drehten sich alle auf einmal um. In der Wand war eine kleine Nische mit einem Vorhang, darin wohnte Tinker Bell.

Wendy als Mutter hatte viel Arbeit: Sie kochte Kokosnüsse und buk Maulbeerbrötchen. Peter bestimmte, ob es richtiges oder nur gespieltes Essen gab – man konnte ihm zusehen, wie er während einer gespielten Mahlzeit dicker wurde! Alle anderen blieben dabei ziemlich hungrig. Wenn sie sich satt essen wollten, zeigten sie Peter, dass sie zu dünn für ihren Baum wurden.

Abends dachte Wendy oft an ihre Eltern: Wie lange sie wohl schon von ihnen weg war? Denn im Nimmerland konnte man nicht sagen, wie die Zeit verging. Doch eigentlich war Wendy unbesorgt; ihre Eltern würden bestimmt das Fenster für sie offen halten. Beunruhigend war nur, dass John anfing, die Eltern zu vergessen, und Michael inzwischen dachte, Wendy sei seine richtige Mutter. Deshalb gab sie ihnen Aufgaben wie in der Schule. Sie schrieb auf eine Tafel: *Welche Farbe hatten Mutters Augen? Beschreibe Vaters Lachen! Beschreibe Mutters Abendkleid!* Peter erlebte derweil Abenteuer und erzählte hinterher schaurige Geschichten. Manchmal saß er allerdings einfach auf einem Stuhl und spielte, dass er kein Abenteuer hatte, und das war ein ganz merkwürdiger Anblick.

Wenn sie alle zusammen Abenteuer erlebten, konnte es passieren, dass Peter plötzlich die Seiten wechselte und eine Rothaut war. Dann waren auch die Jungen Rothäute, und die echten Rothäute kämpften ausnahmsweise als Verlorene Jungen weiter. Einmal wollten die Rothäute ins unterirdische Haus, blieben aber in den hohlen Bäumen stecken und mussten wie Korken herausgezogen werden. Den vergifteten Kuchen übrigens, den die Piraten gebacken hatten und den sie immer wieder woandershin stellten, riss Wendy den Jungen jedes Mal rechtzeitig aus den Händen.

Manchmal verbrachten die Kinder den Tag an der Lagune mit Schwimmen und Spielen. Wendy schaute gern den Meerjungfrauen zu, wie sie sich auf dem Felsen der Verlassenen träge kämmten.

Einmal strichen plötzlich Schatten übers Wasser, es wurde kalt und finster, und das Meer bebte.

„Piraten! Tauchen!", befahl Peter sofort.

Ein Boot näherte sich, darin lag gefesselt Tiger Lilly, ein Indianermädchen.

Mit Käpten Hooks Stimme rief Peter den Piraten zu: „Lasst sie frei!"

Verwundert zerschnitt Smee die Fesseln. Tiger Lilly glitt ins Wasser und schwamm davon. Kurz darauf kletterte der richtige Hook ins Boot und sagte:

„Das Spiel ist aus, wir erwischen Peter Pan nie, die Jungen haben eine Mutter."

„Was ist eine Mutter?", fragte Smee.

Hook zeigte ihm das Nest des Nimmervogels, das ins Wasser gefallen war.

„Würde die Mutter ihre Eier aufgeben? Niemals! Das ist eine Mutter."

Smee schlug vor: „Wir könnten sie entführen und zu unserer Mutter machen!"

„Glänzende Idee", rief Hook. Dann wollte er wissen, wo Tiger Lilly war.

„Wir haben sie laufen lassen, wie du befohlen hast, Käpten."

Hook, der nie einen solchen Befehl gegeben hatte, brüllte erbost:
„Falsche Stimme, wer bist du?"
Die Stimme antwortete: „Ich bin Käpten Hook!"
„Wer bin dann ich?", wollte Hook wissen.
„Ein Stockfisch", sagte die Stimme.
Käpten Hook erschrak. Aber er versuchte etwas.
„Hook, hast du noch eine andere Stimme?", fragte er.
„Hab ich", antwortete Peter fröhlich.
„Und wer bist du?", fragte Hook.
„Ich bin Peter Pan!"
„Jetzt haben wir ihn", schrie Hook und sprang ins Wasser.
Peter rief seine Jungen. „Verhaut die Piraten!"
Ein wilder Kampf im Wasser, im Boot und auf den Felsen begann.
Vor Käpten Hook wichen alle zurück, nur Peter nicht. Auf einmal hörte man
ein Ticken, und Hook verschwand blitzschnell. Der Kampf war aus.
Die Jungen ruderten nach Hause, im Glauben, dass Peter und Wendy
schon daheim waren, da sie auf ihre Rufe nicht geantwortet hatten.
In Wirklichkeit saßen die beiden erschöpft auf einem Felsen mitten im Meer.
Was sollte nun werden? Peter sah sich ratlos um. Da berührte ihn der Schwanz
des Drachens, den Michael gebastelt hatte. Peter ergriff ihn und wickelte ihn
um Wendy.
„Und du, Peter?", rief Wendy angstvoll, während der Drache sie wegtrug.
„Ach, ich finde schon etwas", antwortete Peter. Er sah das Nest des
Nimmervogels heranschwimmen: Das sollte sein Boot sein! Mit seinem Hemd
als Segel kam Peter beinahe gleichzeitig mit Wendy zu Hause an.
Wendy spielte sofort Mutter, verband Wunden, gab den Jungen Medizin
und schickte sie dann ins Bett.

Über dem Haus der Verlorenen Jungen lagerten die Rothäute und rauchten ihre Friedenspfeife. Seit Peter Tiger Lilly gerettet hatte, waren die Rothäute ihre Freunde und bewachten das Haus unter der Erde.

Jetzt gerade verneigten sie sich vor Peter, der nach Hause kam.

„Passt gut auf, Krieger", sagte Peter und verschwand nach unten.

Die Jungen zogen ihn begeistert aus seinem Baum, denn sie sahen, dass Peter ihnen Nüsse mitgebracht hatte.

„Vater, du verwöhnst sie", sagte Mutter Wendy.

„Aye, aye, meine Liebe", sagte Peter.

„Vater, wir wollen tanzen – und du sollst auch tanzen", verlangten die Jungen. „Und Mami auch!"

„Ich mit meinen alten Knochen?", sagte Peter.

„Was? Die Mutter einer solchen Horde Kinder?", zierte sich Wendy.

Trotzdem tanzten sie mit. Danach saßen alle am Feuer und fanden es sehr gemütlich. Doch auf einmal sagte Peter beunruhigt:

„Es ist doch nur ein Spiel, dass ich der Vater bin?"

„Aber natürlich", sagte Wendy.

„Weißt du", sagte Peter, „ich käme mir sonst so alt vor!"

„Peter", sagte Wendy, „was empfindest du für mich?"

„Ich liebe dich, wie ein Sohn seine Mutter liebt, Wendy."

„Aha", sagte Wendy enttäuscht.

„Du bist so komisch wie Tiger Lilly", beschwerte sich Peter,
„die will auch etwas für mich sein, nur nicht meine Mutter.
Aber was denn bloß?"

„Wenn du das nicht selbst weißt …"

„Sag's mir, sonst frage ich Tink!"

„Ja, frag sie nur, sie ist verdorben genug und auch noch stolz darauf",
meinte Wendy.

Darauf sagte Peter: „Vielleicht will Tink meine Mutter sein?"

„Du dusseliger Dussel", schrie Tinker Bell wütend.

Und Wendy musste ihr beinahe zustimmen.

Peter konnte Wendys Gutenachtgeschichte nicht leiden. Wendy erzählte darin von Mr und Mrs Darling, die drei Kinder hatten, die fortgeflogen waren, zum Nimmerland, und nun blickten die Eltern ganz unglücklich auf die leeren Betten. An dieser Stelle fragten die Jungen immer, ob sie jetzt traurig sein müssten. Und dann sagte Wendy das, was Peter nicht hören wollte: „Wenn ihr wüsstet, wie groß die Liebe einer Mutter ist! Mrs Darling ließ nämlich das Fenster offen, damit ihre Kinder heimkommen konnten!"

„Sind sie heimgekommen?", wollten die Jungen wissen.
„Oh ja", sagte Wendy, „oh ja."
Peter knurrte: „Das mit der Mutterliebe stimmt nicht; ich habe auch gedacht, meine Mutter lässt das Fenster offen. Aber als ich zurückkam, war es zu."
Das war glatt erfunden, Peter erinnerte sich überhaupt nicht an seine Mutter. Aber John und Michael bekamen Angst. „Wir wollen heim, Wendy!", riefen sie.
„Oh ja", sagte Wendy.
Für die Verlorenen Jungen war es furchtbar, dass Wendy nach Hause wollte. Nur Peter ließ sich nichts anmerken. Er ging hinauf und bat die Rothäute, Wendy durch den Wald zu geleiten, und Tinker Bell sollte sie dann übers Meer bringen.
Die Jungen waren so niedergeschlagen, dass Wendy ihnen anbot mitzukommen: Bestimmt würden ihre Eltern sie alle – und natürlich auch Peter – adoptieren. Doch ausgerechnet Peter weigerte sich. Er käme ohne Mutter zurecht, behauptete er; Mütter sagten höchstens, man sei schon groß; wo er doch immer ein kleiner Junge bleiben und Spaß haben wolle. Er verabschiedete sich in gespielter Fröhlichkeit von Wendy und den Jungen und hüpfte dann herum, als würde es ihm überhaupt nichts ausmachen. Tink schoss den nächsten Baum hinauf, sie hatte es eilig, Wendy wegzubringen.

Von oben ertönte ein furchtbares Geschrei: Die Piraten griffen die überraschten Rothäute an und überwältigten sie nach kurzem Kampf. Hook war aber noch nicht zufrieden, er wollte die Kinderbande fangen, vor allem Peter Pan. Der Käpten hasste Peter, weil er jung und mutig war. Und noch mehr, weil er seinen Arm dem Krokodil vorgeworfen hatte.

Und am meisten, weil Peter so frech war.

Hook befahl, die große Indianertrommel zu schlagen, damit die Kinder im unterirdischen Haus denken sollten, die Rothäute hätten gewonnen.

Die Jungen antworteten mit einem Freudengeschrei, sausten ohne Peter hinauf und wurden von den Piraten direkt aus den Bäumen gepflückt. Sie wurden geknebelt und wie Pakete verschnürt. Null war ein schweres Paket, weil er, anstatt abzunehmen, als er zu dick für seinen Baum wurde, lieber den Baum ausgehöhlt hatte.

Nun wusste Hook, wie er Peter kriegen konnte. Er schickte die anderen zum Schiff, ging zu Nulls Baum, der ihm auch passte, und rutschte hinab. Unten war ein Spalt über der Tür, und Hook sah Peter auf dem Bett liegen. Frech selbst im Schlaf, fand Hook, der die Tür nicht aufstoßen konnte, denn er kam nicht an die Klinke heran – sie war zu weit unten. Dafür erreichte er durch den Spalt Peters Tasse, die auf einem Sims stand. Hook träufelte fünf Tropfen des Gifts hinein, das er immer bei sich trug. Nach einem letzten hämischen Blick wand er sich den Baum hinauf. Er lief durch den Wald zum Schiff und erzählte sich selbst von seiner großartigen Tat.

Tink weckte Peter und berichtete aufgeregt,
dass Wendy und die Jungen gefangen waren.
„Ich werde sie retten", rief Peter und wollte
seine Medizin nehmen, weil sich Wendy
darüber freuen würde.
„Nein!", schrie Tink, die Hooks Selbstgespräch mitgehört hatte.
„Deine Medizin ist vergiftet!"
„Unsinn. Wer könnte sie denn vergiftet haben?"
„Hook", sagte Tinker Bell. Doch wie er das gemacht haben sollte,
wusste sie auch nicht.

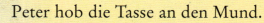

Peter hob die Tasse an den Mund.
Da sauste Tink dazwischen und trank sie aus.
Danach torkelte sie durch die Luft.
„Was ist denn mit dir los?",
rief Peter voller Angst.
Tink lächelte schwach. „Sie war vergiftet,
Peter, ich sterbe."
„Oh Tink, du hast sie getrunken,
um mich zu retten – warum?"
Tink landete mit letzter Kraft auf seiner Schulter. „Dusseliger Dussel",
flüsterte sie.
Dann schleppte sie sich in ihre kleine Wohnung und legte sich aufs Bett.
Peter kniete vor der Nische und weinte.
Tinks Licht wurde von Sekunde zu Sekunde schwächer.

Verzweifelt wandte sich Peter an alle Kinder, die gerade vom Nimmerland
träumten. „Glaubt ihr an Feen?" Denn nur dann konnte Tink wieder gesund
werden. „Wer an Feen glaubt, klatscht in die Hände!"
Die Kinder klatschten, bis die Mütter
in die Kinderzimmer liefen, um nachzusehen,
was dort los war. Tink war gerettet
und sauste leuchtend durchs Zimmer.

Hook konnte sich seltsamerweise nicht über seinen Sieg freuen. Es wurmte ihn, dass er einsam war und dass kein Kind ihn liebte.

Hook ließ sich die Jungen bringen. „Bevor ich euch ins Wasser werfe, brauche ich zwei Schiffsjungen. Du", wandte er sich an John, „willst doch bestimmt Pirat werden!"

Aber John wollte kein Pirat werden.

Keiner der Jungen wollte Pirat werden.

Hook schrie: „Dann ins Wasser mit euch! Und eure Mutter soll zuschauen! So, meine Schöne", schnarrte er. „Verabschiede dich von deinen Kindern."

„Meine lieben Jungen", rief Wendy, „seid tapfer!"

Die Jungen hoben stolz ihre Köpfe.

Hook befahl: „Bindet das Mädchen an den Mast!"

Smee band Wendy fest und flüsterte: „Ich rette dich, wenn du meine Mutter wirst!"

„Lieber habe ich überhaupt keine Kinder", sagte Wendy.

Hook ging drohend auf sie zu. Doch da hörte er ein Ticken: Das Krokodil!

Es wollte an Bord! In panischer Angst flehte er seine Männer an, ihn in ihrer Mitte zu verstecken.

Die Jungen liefen zur Reling, um das Krokodil zu sehen.

Es war – Peter! Er legte den Finger an die Lippen und tickte weiter.

Das richtige Krokodil schwamm hinter ihm her.

Die Uhr in seinem Bauch war abgelaufen, doch es hatte sich so sehr an das Ticken gewöhnt, dass es nun einfach Peters Ticken folgte.

Peter warf den Steuermann ins Wasser, zog sich an Deck und verschwand in der Kajüte.

Die Piraten lauschten. „Das Krokodil ist fort, Käpten", sagten sie.

Hook richtete sich auf. Er hasste die Jungen, denn sie hatten seine Angst gesehen.

„Wollt ihr die Peitsche spüren, bevor ihr über Bord geht?", schrie er.

„Hol die Peitsche aus der Kajüte", befahl er einem Matrosen.

Kaum war der in der Kajüte verschwunden, als ein furchtbarer Schrei ertönte.

Und gleich darauf Peters lustiges Krähen.

„Was war das?", fragte Hook.

„Das war Nummer zwei", antwortete Null.

„Nachsehen", befahl Hook.

Einer sah nach und kam entsetzt zurück. „In der Kajüte ist etwas Furchtbares, das kräht!"

„Geh zurück", befahl Hook, „und hol mir diesen Kikeriki!"

Alle lauschten. Wieder ein Schrei und das Krähen.

„Nummer drei", sagte Null.

Hook bestimmte den nächsten Piraten, der nachsehen sollte. Doch der sprang lieber ins Wasser.

„Nummer vier", sagte Null.

„Ich hole den Kikeriki selbst heraus!"

Damit stürmte Hook in die Kajüte – und drehte wieder um.

„Männer, ich habe eine Idee! Treibt die Gefangenen in die Kajüte. Lasst sie mit dem Kikeriki kämpfen!"

Die Jungen wurden in die Kajüte gestoßen.

Die Piraten lauschten, wagten es aber nicht, zur Tür zu sehen.

Das war gut für Peter und die Jungen, die aus der Kajüte an Deck schlichen.

Peter band Wendy los. „Versteckt euch", flüsterte er. Dann hüllte er sich in Wendys Umhang, nahm ihren Platz am Mast ein, holte tief Luft und krähte.

Die Piraten gerieten in Panik. „Der Kikeriki hat auch die Jungen erledigt!", riefen sie entsetzt. Hook sagte: „Es ist ein böser Geist an Bord."

„Aye, aye," knurrten seine Leute, „ein Mann mit einem Haken!"

„Nein", widersprach Hook, „es ist das Mädchen.

Eine Frau an Bord bringt einem Piratenschiff Unglück.

Ins Wasser mit dem Mädchen!"

Die Piraten stürzten sich auf die Gestalt im Umhang.

Da warf Peter den Umhang ab, und die Männer fuhren zurück.

Hook war zunächst sprachlos. Dann schrie er: „Packt ihn!"

Doch Peter rief: „Jungs, auf sie!"

Und weil die Piraten überhaupt nicht darauf gefasst waren,

dass sich die Jungen in der Kajüte bewaffnet hatten, wurden sie überwältigt

und ins Meer geworfen. Nur Käpten Hook war noch übrig.

Hook und Peter Pan sahen sich an.

„So, Pan", sagte Hook, „jetzt kommt dein Ende."

„Nein, du böser Mann", antwortete Peter, „dein Ende kommt."

Sie fochten mit ihren Degen. Hook wurde verletzt, und beim Anblick

seines eigenen Blutes fiel ihm der Degen aus der Hand.

„Jetzt!", riefen alle Jungen.

Doch Peter forderte Hook auf, den Degen wiederzuholen.

Hook beschlich ein schlimmer Verdacht.

„Pan, wer bist du?", rief er heiser.

„Ich bin die Jugend, ich bin die Freude", sagte Peter fröhlich.

Da begriff Hook, dass er ihn nie würde besiegen können.

Er sprang auf die Reling, ohne zu wissen,

dass das Krokodil unten auf ihn wartete.

Peter stieß ihn mit dem Fuß ins Meer.

Das war das Ende von Käpten Hook.

„Nummer siebzehn", rief Null, der mitgezählt hatte.

Das Schiff war nun piratenfrei, und Wendy brachte die Jungen

in den Kojen zu Bett.

Am nächsten Morgen tobte ein Sturm. Käpten Peter band sich am Steuerrad fest,

denn das machte man bei schwerem Seegang. Die Jungen hatten die Hosen

der Piraten abgeschnitten und waren Matrosen. Wendy nähte für Peter

einen Anzug aus Hooks Sachen, und abends saß Peter in der Kajüte

und hielt den Zeigefinger gekrümmt, als wäre seine Hand ein Haken.

Zu Hause bei den Darlings stand immer noch das Fenster offen.
In der Hundehütte im Kinderzimmer lag Mr Darling:
Er wollte sich für seine Dummheit bestrafen.
Mrs Darling spielte im Wohnzimmer Klavier.
Die Ersten, die ins Kinderzimmer flogen, waren Peter und Tink. Peter machte
schnell das Fenster zu. „Wendy soll denken, ihre Mutter hätte sie ausgesperrt!",
flüsterte er. Er lugte ins Wohnzimmer und sah, dass Mrs Darling den Kopf
aufs Klavier gelegt hatte und weinte. Wahrscheinlich hatte sie Wendy
schrecklich gern … Aber er mochte Wendy doch auch!
Da sie sie nicht beide haben konnten, riss Peter wütend das Fenster auf.
„Komm, Tink, wir brauchen diese dummen Mütter nicht!"
Er und Tink verschwanden in der Nacht.

Die Kinder flogen herein. In der Hundehütte schlief ein Mann.
„Das ist Vater", sagte Wendy.
„Hat er immer in der Hundehütte geschlafen?",
fragte John unsicher.
Doch da begann Mrs Darling zu spielen.
„Das ist Mutter", sagte Wendy.
„Bist nicht du unsere Mutter, Wendy?",
fragte Michael.
„Höchste Zeit, dass wir
zurückgekommen sind!", stöhnte Wendy.
„Wir legen uns jetzt in unsere Betten,
als ob wir nie weg gewesen wären."

Mrs Darling glaubte nicht, was sie sah,
als sie ins Zimmer kam.
„Mutter!", rief Wendy.
„Wendy!", sagte Mrs Darling und dachte,
es wäre ein Traum.
„Mutter!", rief John.
„John!" Mrs Darling weinte.
„Mutter!", rief Michael.
„Michael!" Mrs Darling streckte
sehnsüchtig die Hände aus.

Da schlüpften die Kinder aus den Betten und rannten zu ihr.
„George!", rief Mrs Darling überwältigt. Mr Darling wachte auf
und freute sich sehr, wie auch Nana, die gleich ins Zimmer gerannt kam.
Durch das Fenster beobachtete Peter, der mehr Abenteuer erlebt hatte
als irgendein anderes Kind, das eine Glück, das er nie erleben würde.

Unten warteten die anderen Jungen, bis Wendy sie zur Tür hereinließ.
Mrs Darling war sofort bereit, sie alle zu adoptieren,
Mr Darling zögerte einen Moment und stimmte dann doch zu.
Peter kam ans Fenster, um sich zu verabschieden.
„Willst du nicht auch bleiben, Peter?", bat Wendy.
„Ja, bleib doch, Peter", sagte Mrs Darling.
„Schickst du mich dann in die Schule?", fragte er.
„Ja", sagte Mrs Darling.
„Und dann in ein Büro?"
„Ich denke schon."
„Und bald wäre ich ein Mann?"

„Sehr bald." Mrs Darling streckte die Hand nach ihm aus.
„Nein!", rief Peter. „Niemand fängt mich und macht einen Mann aus mir!"
Dann versuchte er noch einmal, Wendy zum Mitkommen zu überreden.
Doch alles, was Mrs Darling erlaubte, war, dass Wendy einmal im Jahr
zum Frühjahrsputz nach Nimmerland fliegen durfte.

Als Peter Wendy im nächsten Frühling abholte,
war sie ein ganzes Stück gewachsen.
Er selbst war gleich geblieben.
Im zweiten Jahr vergaß er den Frühjahrsputz.

Die Zeit verging, und die Kinder wurden groß.
Wendy heiratete und bekam eine Tochter, die sie Jane nannte.
Bald fing Jane an, nach Peter Pan zu fragen.
Und dann hörte Wendy in einer Frühlingsnacht ein Krähen,
das Fenster des Kinderzimmers wurde aufgestoßen, und Peter kam herein.
„Hallo, Wendy", sagte er. „Ich hole dich zum Frühjahrsputz!"
Er schaute ins Bett. „Was ist das für ein Kind?"
„Meine Tochter", sagte Wendy und ging leise hinaus,
denn Peter fing zu weinen an, weil er begriffen hatte,
dass sie nun erwachsen war. Er weinte so laut, dass Jane aufwachte.
„Junge, warum weinst du?", fragte Jane.
„Ich bin Peter Pan", erklärte er und hörte auch schon zu weinen auf.
„Ja, ich weiß", sagte sie.

„Ich will meine Mutter mitnehmen."
„Ich habe schon auf dich gewartet", sagte Jane.
Als Wendy ins Zimmer zurückkam, flog Jane bereits herum.
„Peter braucht unbedingt eine Mutter", sagte sie.
„Ich weiß", sagte Wendy und erlaubte Jane,
zum Frühjahrsputz mit Peter ins Nimmerland zu fliegen.
Viele Jahre später flog Janes Tochter Margaret mit Peter ins Nimmerland.
Und danach Margarets Tochter.

Und so wird es immer weitergehen …

Gerdt von Bassewitz

Peterchens Mondfahrt

Neu erzählt von Irma Krauß
Mit Illustrationen von Hildegard Müller

Es war einmal

vor vielen hundert Jahren, dass der Maikäfer Sumsemann
auf einer Birke saß und mit seiner kleinen Frau schmuste.
Da schlug ein Walddieb den Baum um, auf dem die beiden saßen,
und hieb dabei dem Sumsemann ein Beinchen ab.
Beide Maikäfer fielen vor Schreck auf den Rücken und lagen da wie tot.
Als sie wieder zu sich kamen, stand die Fee der Nacht vor ihnen. „Ich
habe den bösen Mann auf den höchsten Berg des Mondes geschossen",
sagte sie. „Zusammen mit dem Baum, den er gestohlen hat."
„Aber mein Bein!", schrie der junge Sumsemann.
„Was ist mit meinem sechsten Bein?"
„Oh", sagte die Fee, „das hängt am Baum.
Das ist jetzt auch auf dem Mond!"
Die kleine Frau Sumsemann blickte ihren Mann an und weinte
jämmerlich. Denn ein richtiger Maikäfer hat nun einmal sechs Beine.
„Jetzt werden unsere Kinder mit nur fünf Beinen geboren!", klagte sie.
Die Fee dachte nach. „Da hilft nur eines", sagte sie. „Ihr müsst zwei
gute Menschenkinder finden, die noch nie ein Tier gequält haben.
Mit ihnen zusammen könnt ihr das Bein vom Mond holen."
So wurden alle Kinder der Sumsemanns mit nur fünf Beinen geboren.
Und auch die Kinder der Kinder, viele hundert Jahre lang.
Es gelang den Sumsemanns nicht, zwei Menschenkinder zu finden,
die ihnen geholfen hätten.
Immer wenn ein Maikäfer in ein Zimmer flog, wurde er verjagt oder
erschlagen, bevor er noch fragen konnte.

Viele hundert Jahre später

taumelt nun der letzte Sumsemann
ins Zimmer von Peterchen und
Anneliese. Er ist angesäuselt,
denn ein Huhn hat seine Frau
gefressen, und er musste sich
mit ein paar Tropfen
Vergissmeinnicht-Schnaps trösten.
Schwankend steht er auf dem Tisch.
Er spielt auf seiner winzigen Geige
und singt dazu.
Peterchen und Anneliese sitzen
im Bett und lachen.
„Gestatten, Sumsemann!",
sagt der Maikäfer und verbeugt sich.
„Anneliese", kichert Anneliese.
Und Peterchen ruft: „Er hat ja nur fünf Beine!"
Herr Sumsemann wird mit einem Schlag
nüchtern.
Er erzählt mit Grabesstimme die traurige
Geschichte vom uralten Fluch der Familie
Sumsemann. Und von der einzig möglichen Hilfe.
„Schade, dass wir nicht fliegen können",
sagt Peterchen.
Herr Sumsemann starrt ihn an. „Aber sicher könnt
ihr fliegen! Ihr müsst es nur wollen!"
Aufgeregt ruft er:
„Rechtes Bein und linkes Bein,
summ, dann kommt das Flügelein",
und fliegt auch schon durchs Zimmer.
„Mitmachen, Arme ausbreiten!"
Peterchen und Anneliese schwenken die Arme, sie trippeln,
sie erheben sich – sie sind in der Luft, sie schweben!
Die beiden fliegen rund ums Zimmer, und es ist der allergrößte Spaß.

„**A**lso ist es beschlossen, wir fliegen mit zum Mond", sagt Peterchen.
Er schnappt sich seinen Hampelmann und sein Holzschwert.
Anneliese nimmt ihre Puppe und ein Körbchen Äpfel mit.
Herr Sumsemann geigt, die Wand des Kinderzimmers öffnet sich,
und sie fliegen hinaus. Über den See, über den Wald, über die Berge.
Bald liegt die ganze Erde unter ihnen in der blauen, stillen Nacht.
Und dann hören sie das Singen der Sterne.

Jedes Erdenkind hat am Himmel einen Stern, ein silberlockiges
Sternenmädchen. Wenn das Kind etwas Böses tut, bekommt die
Strahlenkrone seines Sternenmädchens einen hässlichen Fleck
und muss am Abend geputzt werden.
Bei Tag spielen die Sternchen auf der silbernen Sternenwiese. Dort
bringt ihnen der Sandmann das Singen bei. Er klopft auf die Pauke,
wenn die Sternenmädchen zu viel kichern, und er achtet darauf,
dass sie am Abend ihre Strahlenkronen polieren.

Wenn es Nacht wird, zieht der Sandmann
an einer Glockenschnur,
dann läuten feine Glöckchen,
und die Sterne huschen zu
ihrem Platz am Himmel.
Nun lässt der Sandmann
die Mondschafe aus dem Stall
auf die Himmelsweide.
Danach nimmt er einen Sack
mit feinem Silbersand, geht zum Rand
der Sternenwiese und pustet den Sand
in den Himmelsraum hinaus.
Im Mondlicht rieselt der Sand hinab
zur Erde und legt sich leise
auf die Augenlider der Kinder.
Er bringt ihnen den Schlaf
und die schönen Träume.
Über tausend Jahre ist das schon so.

Deshalb kann der Sandmann nicht fassen, was er plötzlich sieht:
Ein geigender Maikäfer und zwei Kinder kommen durch den
Himmelsraum herangeflogen und landen auf seiner Sternenwiese!
Er drischt auf die Pauke.
„Bumm, bumm – beim guten Mond!
Raus, hinaus, wer hier nicht wohnt!", schreit er.
Anneliese hält ihm beherzt einen Apfel unter die Nase.
Überrumpelt beißt der Sandmann hinein.
„Mmmmh! Lecker …" Er legt den Kopf schief
und betrachtet Peterchen und Anneliese.
„Im Nachthemd kommt ihr, tz, tz.
Und warum seid ihr nicht im Bett?"
Peterchen erklärt es ihm.
„Ah!", sagt der Sandmann. „Sollte Familie
Sumsemann endlich ihr fehlendes Beinchen
zurückbekommen?" Ihm fällt aber auch
sofort ein, dass nur gute Kinder dem
Maikäfer helfen können. Deshalb ruft er
in den Himmel hinaus: „Die Sterne von
Anneliese und Peterchen, bitte zu mir!"
Zwei Sterne lösen sich vom Himmel,
fallen auf die Wiese – und sind zwei
schimmernde Sternenmädchen.
„Haben Anneliese und Peterchen
jemals Flecken auf eure Kronen
gemacht?", fragt der Sandmann streng.
„Nein!", rufen die Sternenmädchen
und umarmen die Kinder.
„Gut", sagt der Sandmann.
„Dann dürfen sie mit
zur Nachtfee."

Der Mondschlitten fährt heran.

„Alles einsteigen!" Der Sandmann nimmt die Zügel. „Der Weg ist weit!
Das Schloss der Nachtfee liegt am Ende der Milchstraße."
Acht Nachtfalter heben ihre Schwingen, und der Schlitten gleitet lautlos
über eine Straße aus leuchtendem Schaum.
Anneliese streckt die Hand nach den Milchbäumen aus
und leckt den süßen Milchstraßenhonig von ihren Fingern.
Sie schweben an Mondschafen und Himmelsziegen vorbei
und am Tausee, aus dem die Tochter der Nachtfee
den Tau schöpft, um ihn zur Erde zu bringen.
Auf einer Weide grasen Himmelskühe und Mondkälber.
„Mmh – Mondbutter aus der Milch der Himmelskühe!", schwärmt
der Sandmann. „Der Koch der Nachtfee brät darin seine köstlichen
Mondschein-Fladen. Auch heute! Denn die Nachtfee
hat die Naturgeister zum Mitternachtsfest geladen."
Peterchen und Anneliese sind sehr gespannt.
Nur Herr Sumsemann verzieht das Gesicht: Am ganzen Himmel
findet sich kein grünes Blättchen. Was hat
denn ein Maikäfer von Mondschein-Fladen?
Außerdem ist ihm bang, denn um den
Mondschlitten herum hagelt es
Sternschnuppen.

Als dann aber das Gestöber
vorbei ist, liegt auf himmelhohen
Wolken unbeschreiblich schön
das Schloss der Nachtfee
vor ihnen.

Von Sternenmädchen umgeben sitzt die Nachtfee auf ihrem Thron
und wartet auf ihre Gäste. Punkt Mitternacht spricht sie ein
Friedenswort über die schlafende Welt. Es ist still …
Bis der Donnermann grollend aus den Wolken poltert!
Hinter ihm springt die Windliese pfeifend von ihrem Besen.
Die dicke Wolkenfrau schreitet gemächlich in den Saal.
Die Blitzhexe fährt im Zickzack herein –
mit schrecklichem Schwefelgestank!
Der dünne Regenfritz macht lauter Pfützen,
und mit Brausen fährt der Sturmriese heran. Er brüllt:
„Puh, da komm ich vom Ozean, schnallte die schnellsten Flügel an!"
Sein Weib, die Windliese, winkt ihm zu.
Nun nahen auch schon die drei Eisgeschwister: vorneweg
der Hagelhans mit einem Trommelwirbel, dann die schläfrige
Frau Holle in einer Wolke von Schneeflocken und zuletzt
der Eismax mit klirrenden Sporen. Er schnarrt:
„Bitte ergebenst eines nur:
etwas gekühlte Temperatur!
Und die Sonne, das gräuliche Weib,
mir keinesfalls nah auf den Leib!"
Der Wassermann watschelt herein und quakt:
„Ich bitte vor allen Dingen – uaax! –
mich wässerig unterzubringen!"
Das Taumariechen kniet
vor der Nachtfee nieder.
„Mutter, ich habe die Wiesen gekühlt,
mit den Nebeln über dem See gespielt,
habe die Wälder mit Perlen
geschmückt,
und alle Wesen
im Traum erquickt."
Die Nachtfee neigt
zufrieden den Kopf
und küsst
ihre Tochter.

Da schwebt in einem Flammenmantel die Sonne
herein. An jeder Hand hält sie einen Sohn:
den Morgenstern und den Abendstern.
Ihre Töchter Morgenröte und Abendröte
tragen die Schleppe ihres goldenen Kleides.
„Der Gruß meiner Liebe sei dir gebracht,
du schöne Schwester, du stille Nacht", sagt die Sonne.
Die Nachtfee steigt von ihrem Thron herab
und umarmt die Königin des Tages;
die Sonnenglut geht unter in blauen Nebeln.
Als dann die Sonne ihre Arme um die Königin
der Nacht legt, wird alles in ein Meer von Licht
getaucht.
In diesem feierlichen Moment stürmt aufgelöst
der Milchstraßenmann herein.
„Frau Nachtfee, ich muss mich bitter beklagen!
Der Donnermann hat sich schlecht betragen,
hat furchtbar laut herumgekracht
und die Himmelsziegen scheu gemacht!
Sein Weib kam zickzack dahergeschlenkert
und hat mir die ganze Allee verstänkert!
Der Sturmriese warf mir
mit Braus und Gebrumm
die allerschönsten Milchbäume um!
Der Wassermann kam angeplanscht,
hat alle Gräben übergepanscht!
Der Hagelhans hat die Schoten vernichtet,
sie alle haben viel angerichtet …"
Der Milchstraßenmann holt Luft,
und die Naturgeister beeilen sich mit
ihrer Entschuldigung, denn die
Nachtfee schaut jetzt sehr ernst drein.
Der Milchstraßenmann verlässt
besänftigt den Saal, es gibt viel
aufzuräumen.

Doch auf einmal kehrt der Milchstraßenmann zurück. Er ist nicht alleine. „Schaut nur", gluckst er. „Hier ist das Sandmännchen mit zwei Kindern im Nachthemd! Und einem – ha, HA – Maikäfer!" Der Sturmriese heult vor Vergnügen, der Donnermann trommelt sich auf den Bauch, der Wassermann quakt wie ein betrunkener Frosch, der Regenfritz jault, die Blitzhexe schreit und stinkt, die Windliese pfeift, und der Eismax meckert wie ein Ziegenbock – es ist ein Höllenlärm!

Bis die Nachtfee die Hand hebt. Sie sieht den
Maikäfer an. „Du hast also wirklich zwei gute
Kinder gefunden?"

„J…ja, Frau Nachtfee", stottert
Herr Sumsemann.

Sie wendet sich an die Kinder. „Und ihr
liebt die Tiere? Und seid bereit,
viel zu wagen?"

Peterchen nickt und zieht sein Schwert.

„Donnerwetter!", bullert der Donnermann.

„Kolossal", schnarrt der Eismax.

„Gut", sagt die Nachtfee. „Sturmriese, Donnermann, Wassermann –
helft ihr den Kindern?"

„Potz-Knatter, ja!", brüllt der Donnermann wüst, sodass der Maikäfer
vor Schreck auf den Rücken fällt.

„Bis zum Morgen müssen die Kinder aber wieder in ihren Betten sein",
mahnt die Sonne. „Sonst finden sie nie mehr zurück."

„Hol den Großen Bären", befiehlt die Nachtfee dem Milchstraßenmann.
Doch der erschrickt. „Oh … Aber der Bär ist böse, er hat mich heute
fast gebissen!"
„Hol ihn!"
Als der Große Bär da ist und sich aufrichtet, zucken einige Gäste zurück.
Der Maikäfer stellt sich sofort tot.
„Gebt dem Bären einen Apfel!", raunt der Sandmann.
Peterchen zielt und wirft den Apfel in das Bärenmaul.
„Noch einen!", sagt der Sandmann.
Anneliese greift in den Korb.
Der Sandmann hebt sie hoch, sie zielt – und trifft.

Kaum hat der Bär auch den zweiten Apfel geschluckt, werden seine Augen
sanft. Er lässt die Kinder, den Sandmann und den Maikäfer aufsteigen.
Dann schnauft er wie eine Lokomotive und stürmt los – hinaus und über
die Wolkenberge. Funken stieben aus seinem Rachen.
Das Schloss der Nachtfee verschwindet in Sekundenschnelle.
Beim brausenden Ritt durch die weglose Nacht saust ein Komet vorüber,
der Bär zeigt ihm die Zähne.

Der Mond kommt näher, wird größer und größer,
so groß wie der halbe Himmel –
und mit einem gewaltigen Satz landet der Bär auf ihm.
Er rennt durch ein langes Mondtal
und hält erst vor einem Felsentor an.
„Weihnachtswiese" steht über dem Tor.
Die Reiter steigen ab.
Der Sandmann drückt einen Knopf,
ein Läuten wie von goldenen Glocken ertönt,
und das geheimnisvolle Tor öffnet sich.

Noch nie zuvor sind Kinder hier auf der Weihnachtswiese gewesen. Auch keine Maikäfer!

Ein warmer Wind weht den Duft von Weihnachtsplätzchen heran, der Weg ist mit Schokolade bestreut.

Die Gärten und Felder, Wiesen und Wälder, Hügel und Täler, Bäche und Seen unter dem goldenen Himmel sind eine Spielzeuglandschaft, in der das Spielzeug wächst! Trommeln und Trompeten schieben sich aus der Erde, Bilderbücher stehen wie Gemüse in Beetreihen.

Auf einem Feld wachsen die Teddybären, manche sind schon reif und lösen sich von ihren Wurzeln. Die Teiche sind aus Limonade, und in den Halmen der Schilfwiesen raschelt es von kleinen Fliegern.

An den Büschen reifen Bonbons, und auf den Bäumen Pfefferkuchen. Mitten darin zwitschern Spielzeugvögel.

Das Schönste, findet Anneliese, ist der Puppengarten. Tausend und abertausend Puppen wachsen wie Blumen aus den Zweigen und liegen in den Teichrosenblüten.

Schließlich kommen sie zu einem lichten Hügel. Dort sitzt neben der goldenen Wiege des Christkinds der Weihnachtsmann und schmaucht gemütlich seine Pfeife.

Er lacht die Kinder an und legt ihnen zwei Pfefferkuchenpäckchen in den Korb.

Herr Sumsemann bestaunt derweil mit Wehmut einen Spielzeugmaikäfer, der alle sechs Beine hat.

Nun müssen sie aber los, das Maikäferbein holen!

Der Große Bär hat am Tor gewartet, und weiter geht der rasende Ritt über die weite Mondlandschaft, über Stolpersteine und über Gummiteiche, die schwabbeln, dass es die Reiter im Bauch kitzelt.

In einem weiten Tal sehen sie ein riesiges grünes Nest. Auf seinem Rand sitzen ringsherum Hühner.

Ein Hahn kräht, und – klack! – rollt hinter jedem Huhn ein Ei ins Nest. Unzählige Osterhasen sammeln die Eier ein, um sie zu Ostern auf die Erde zu bringen.

Peterchen und Anneliese staunen, doch da taucht in der Ferne schon der himmelhohe Mondberg auf.

Der Bär rennt, dass es staubt. Zuletzt springt er über einen Wall, und sie sind da – bei der Mondkanone!

Der Sandmann zeigt zur Bergspitze hinauf. „Da oben ist der Mondmann. Und die Birke mit dem Maikäferbein. Hinauf kann euch nur die Kanone bringen", sagt er ernst. „Sucht das Bein, und klebt es mit Spucke an. Passt auf, dass ihr dem Mondmann nicht begegnet. Und wenn doch, dann ruft eure Sterne zu Hilfe. Herr Sumsemann, Sie zuerst."

Doch der Maikäfer ist verschwunden.

Sie finden ihn hinter einem Felsen, wo er sich wieder einmal tot stellt. Aber das hilft ihm nichts, der Sandmann steckt ihn ins Kanonenrohr, zielt und schießt. *Bumm!*

Der Sumsemann saust zum Himmel.

Jetzt ist Peterchen dran, und zuletzt Anneliese.

„Viel Glück!", ruft der Sandmann.

Die Bäume auf dem Mondberg sehen wie Gespenster aus. Hier oben ist es eiskalt und grabesstill.

Die Kinder haben aber keine Zeit, sich zu fürchten, sie laufen von Baum zu Baum und suchen das Maikäferbein.

„Da!", schreit Peterchen. Er hat die Birke gefunden und daran das Bein.

Die Kinder jubeln, und Herr Sumsemann spannt vor Freude seine Flügel aus.

Doch in dem Moment springt hinter einem Baum der Mondmann hervor und brüllt:

„Was wollt ihr winzigen Würmer hier? Was wollt ihr in meinem Waldrevier?"

Peterchen schluckt und bittet um das Käferbeinchen.

„Was gibst du mir dafür?", will der Mondmann wissen.

Anneliese hält ihm tapfer die letzten Äpfel aus ihrem Körbchen hin.

Rapps, weg sind sie! Der Mondmann riecht auch die Pfefferkuchen und frisst sie mitsamt dem Papier. Dabei schielt er schon nach dem Hampelmann. Peterchen gibt ihn schweren Herzens her, und der Mondmann schluckt ihn wie eine Erdbeere. Dann greift er sogar nach Annelieses Puppe! Aber Anneliese hält sie fest.

„Her damit! Sonst gibt es kein Bein!", fordert der Mondmann.

Es hilft nichts. Anneliese drückt die Augen zu und weint auf, als sie hört, wie der Mondmann die Puppe zerbeißt.

Jetzt haben die Kinder nichts mehr zu geben.

Der Mondmann hebt seine Axt.
„Tausend Jahre hab ich nichts gegessen,
einfach alles könnt ich fressen!", grölt er.
Peterchen packt sein Schwert.
Da zuckt ein greller Blitz über den Himmel. Mit einem
Donnerschlag springt der Donnermann auf den Mondberg.
Er gibt dem Mondmann eins über den Kopf,
stößt ihm den Fuß in den Bauch – und ist schon wieder weg.
Der Mondmann wälzt sich vor Schmerzen am Boden.
„Ich kriege euch doch", ächzt er. Dann rappelt er sich auf,
die Axt in der Hand.
Peterchen schlägt das Herz bis zum Hals.
Er hebt noch einmal sein Schwert.
Mit geblähten Backen taucht im selben Moment der Wassermann auf.
Er schießt dem Mondmann einen dicken, eiskalten Wasserstrahl
mitten ins Gesicht, in den offenen Mund, überallhin.
Er hört erst auf zu spritzen, als der Mondmann
am Boden liegt. „Blubberquaks", sagt er
freundlich und verschwindet wieder.
Peterchen atmet auf. Das sollte genügen.
Jetzt muss er nur noch
das Maikäferbein holen.
Doch der Mondmann fängt zu stöhnen an.
„Ich komme schon hoch,
ich will mich schon rappeln,
ihr sollt mir gleich in der Falle zappeln!"
Schwankend steht er auf und schwingt seine Axt.

Zum dritten Mal nimmt Peterchen
das Schwert.
Nun fährt ein Wirbelwind über den Berg,
dass sich die toten Bäume biegen:
Der Sturmriese reißt den dicksten Baum
aus und wirft ihn nach dem Mondmann.
Der brüllt vor Wut und Schmerz. Er ist
festgeklemmt. Er rüttelt und zerrt mit Riesenkraft
an dem Baum – und kann sich befreien.
„Ich hau den Baum mit der Axt entzwei!
Ich stampfe alles zu Mus und Brei!",
heult er.
Mit einem Hieb schlägt er Peterchen
das Schwert aus der Hand.
Anneliese ruft verzweifelt nach oben:
„Sterne, Sterne!"
Ihr Schrei ist noch nicht verklungen, da schießt
ein weißes Leuchten vom Himmel, und die beiden
Sternenmädchen stehen neben ihnen.
Sie heben die bloßen Hände gegen den Mondmann.
Der taumelt zurück und fährt sich an die Augen.
„Bin ich blind?
Ich seh nicht, wo die Kröten sind", keucht er.
Er tastet und tappt umher, er rennt im Kreis
und stößt sich dabei an Felsen und Bäumen.
„Macht schnell", drängen die Sternenmädchen
Peterchen und Anneliese,
„verliert keine Zeit, lebt wohl,
der Tag ist nicht mehr weit!"
Der Mondmann torkelt in der falschen Richtung
davon, und Peterchen klettert rasch auf die Birke.
Anneliese nimmt ihm das berühmte Bein
des Maikäferurgroßvaters ab.
Sie laufen zu Herrn Sumsemann.
Der liegt auf dem Rücken und rührt sich nicht.

Anneliese spuckt auf das Bein. Zu zweit drücken sie es
Herrn Sumsemann an der richtigen Stelle in den Bauch.
„Ich bin tot", murmelt der Maikäfer, „ich bin schon ganz
tot, ich kann nicht mehr totgemacht werden …"
„Aufwachen!", schreien Peterchen und Anneliese.
Herr Sumsemann fährt in die Höhe. Er sieht sein
sechstes Beinchen. Er zappelt und hüpft vor
Entzücken, und die Kinder hüpfen und tanzen mit.
Doch über den Berg kommt ein rosenroter Schein
und mit ihm die Tochter der Sonne, die Morgenröte.
„Eilt euch, kehrt schnell zurück!", warnt sie.
Herr Sumsemann besinnt sich. Denn nur er weiß,
wie es zurückgeht. Er nimmt die Kinder an der
Hand und sagt feierlich den uralten Spruch:
„Erde, höre uns an!
Weit führte unsere Bahn.
Die Not war groß!
Nimm uns wieder in deinen Schoß."
Da öffnet sich der Boden, und die drei sinken hinab
in die Tiefe. Sie haben die Augen fest zugedrückt.
Doch auf einmal ist den Kindern, als zwitschere
mitten im Brausen der Fahrt ein Vogel. Sie öffnen die
Augen und – sitzen auf dem Tisch in ihrem Zimmer!
Der erste Sonnenstrahl blitzt herein,
und auf der Fensterbank pfeift ein Zeisig.
Neben ihnen auf dem Tisch liegt auch
der Maikäfer.
Peterchen zählt seine Beine. „Sechs!", jubelt er.
„Es hat geklappt!"
Herr Sumsemann klettert auf Annelieses
Zeigefinger, entfaltet die Flügel und fliegt
in den hellen Morgen hinaus.
„Ade, ade, Herr Sumsemann!", rufen Peterchen
und Anneliese zum Abschied.
„Kommen Sie gut zu Hause an!"

Die Klassiker-Bilderbücher mit Audio-CD

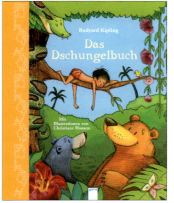

978-3-401-09242-3

Das Dschungelbuch

Aufwachsen mit den Schätzen der internationalen Kinderliteratur – das ermöglichen die Arena Klassiker-Bilderbücher! Sibylle Rieckhoff erzählt die spannendsten Dschungelerlebnisse des Jungen Mowgli schon für Kinder ab 4 Jahren nach: die Abenteuer mit dem Bären Baloo, dem Panter Bagheera, der Schlange Kaa oder dem gefährlichen Tiger Shere Khan. Und die farbenprächtigen Szenen von Christiane Hansen werden Groß und Klein immer wieder aufs Neue verzaubern.

978-3-401-09274-4

Der Wind in den Weiden

Endlich können schon Kinder ab 4 Jahren die Abenteuer von Maulwurf, Ratterich, Dachs und Kröterich miterleben! Irma Krauß fängt in ihrer kindgerechten Nacherzählung die ganz besondere Stimmung des beliebten Kinderbuchklassikers ein; und die Bilder von Andreas H. Schmachtl erwecken die vier Freunde zu neuem Leben.

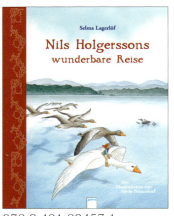

978-3-401-09457-1

Nils Holgerssons wunderbare Reise

Die Arena Klassiker-Bilderbücher sind einzigartig: Bekannte und beliebte Stoffe der Kinderliteratur werden für Kinder ab 4 neu erzählt und durch fantasievolle Illustrationen in Szene gesetzt. Mit der beigelegten Audio-CD, die den gesamten Bilderbuchtext enthält, wird auch „Nils Holgersson", wie schon die anderen Bände der Reihe, zu einem ganz besonderen Bucherlebnis.

Jeder Band:
Ab 4 Jahren
40 Seiten • Halbleinen
Durchgehend farbig illustriert • mit Audio-CD
www.arena-verlag.de

Die Klassiker-Bilderbücher mit Audio-CD

978-3-401-09286-7

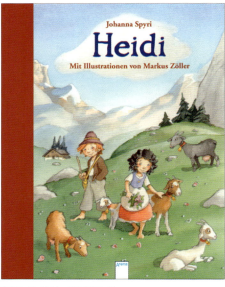

978-3-401-09494-6

Der kleine Lord

Die Geschichte vom kleinen Lord Fauntleroy verzaubert seit Jahrzehnten Alt und Jung – nun liegt sie in einer außergewöhnlichen Bilderbuchausgabe vor: Jutta Langreuter erzählt das Original kindgerecht und einfühlsam nach – und zu Silvio Neuendorfs beeindruckenden Bildern können sich Kinder ab 4 Jahren die Audio-CD immer wieder aufs Neue anhören.

Heidi

Die „Heidi"-Erzählungen von Johanna Spyri gelten als Kleinod der klassischen Kinderliteratur – Irma Krauß ist es gelungen, den Stoff schon für Kinder ab 4 voller Stimmung und Gefühl neu zu erzählen. Auch die beigelegte Audio-CD enthält den kompletten Text, und beim Zuhören können sich Groß und Klein von Markus Zöllers Illustrationen verzaubern lassen. Die Arena-Klassiker-Bilderbücher sind einfach immer ein besonderes Leseerlebnis!

Arena

Jeder Band:
Ab 4 Jahren
40 Seiten • Halbleinen
Durchgehend farbig illustriert • Mit Audio-CD
www.arena-verlag.de

Kinderbuchklassiker zum Vorlesen

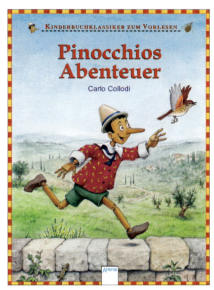

978-3-401-05140-6

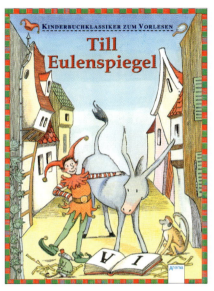

978-3-401-05906-8

Pinocchios Abenteuer

Aus einem Pinienscheit schnitzt der alte Meister Gepetto eine Holzpuppe: Pinocchio. Schon bevor der kleine Kerl richtig fertig ist, beginnt er seinem Vater Grimassen zu schneiden, und sobald er auf eigenen Füßen steht, läuft er Gepetto auch schon davon – auf zum ersten seiner vielen Streiche und Abenteuer! Der freche Pinocchio träumt einen großen Traum: Er möchte ein richtiger Junge werden! Bevor dieser Wunsch in Erfüllung geht, hat er jedoch zu lernen, wie ein richtiger Junge sein muss: mutig, ehrlich und gut. Ein langer, harter Weg für den eigensinnigen Holzkopf.

Till Eulenspiegel

Lügner und Angeber aufgepasst, Till Eulenspiegel lässt sich nichts gefallen! Bischof, Bäcker oder Bürgermeister, der freche Scherzbold hält allen Leuten den Spiegel vor und führt die Reichen und Mächtigen clever an der Nase herum – und manchmal ist er vielleicht auch ein klitzekleines bißchen gemein. Till Eulenspiegels schönste Streiche zum Vorlesen für Kinder von heute, witzig und einfallsreich illustriert von Christiane Hansen.

Jeder Band:
Ab 4 Jahren
80 Seiten • Gebunden
Durchgehend farbig illustriert
www.arena-verlag.de

Mark Twain
Kinderbuchklassiker zum Vorlesen

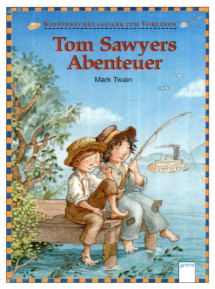

978-3-401-06231-0

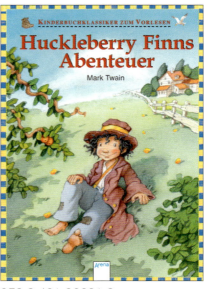

978-3-401-06631-8

Tom Sawyers Abenteuer

Tom Sawyer hat den Kopf voller abenteuer-
licher Ideen: Gemeinsam mit seinen Freunden
Huckleberry Finn und Joe Harper geht er unter
die Piraten und auf Schatzsuche. Eines Tages
verirrt er sich mit seiner Freundin Becky in
einer Höhle. Doch Tom gibt nicht auf, und
ganz nebenbei fängt er auch noch einen ge-
meinen Verbrecher. Da ist Tom Sawyer wieder
einmal der Held des Tages! Ein Klassiker der
Weltliteratur – liebevoll neu erzählt von Elke
Leger und von Markus Zöller illustriert.

Huckleberry Finns Aben-
teuer

Jeder kennt ihn: Huckleberry Finn, der von
zu Hause ausreißt und zusammen mit dem
Sklaven Jim auf einem Floß den Mississippi
hinunterfährt. Es ist die spannende Geschichte
eines Jungen, der sich nach Abenteuern und
einem freien Leben sehnt. Maria Seidemann
hat eines der erfolgreichsten Kinderbücher
für Kindergarten- und Vorschulkinder mit viel
Feingefühl neu erzählt. Die kurzen Kapitel
machen das Buch zum Vorlesen besonders
geeignet.

Jeder Band:
Ab 4 Jahren
80 Seiten • Gebunden
Durchgehend farbig illustriert
www.arena-verlag.de

Klassiker für Erstleser

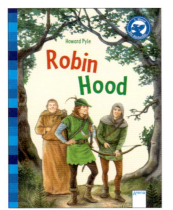

978-3-401-09508-0

Die drei Musketiere

D'Artagnan kämpft mit den drei Musketieren gegen die Intrigen des Kardinals Richelieu und rettet die Königin von Frankreich. Der Klassiker der Weltliteratur von Alexandre Dumas jetzt in einer altersgerechten Neuerzählung für Erstleser.

978-3-401-70053-3

Robin Hood

Er ist der König der Diebe: Robin Hood. Mit seinen Gefährten schröpft er die Reichen und hilft den Armen, ihr Recht zu bekommen. Unerschrocken kämpft er für die Schwachen und Unterdrückten. Doch der Sheriff von Nottingham versucht ihm eine Falle zu stellen ... Auf Robin Hood und seine Freunde warten nicht nur gefährliche, sondern auch lustige Abenteuer.

978-3-401-70009-0

20.000 Meilen unter dem Meer

Ist es ein gefährlicher Wal, ein riesiges Unterwassergefährt oder gar ein Seeungeheuer? Niemand kann sich erklären, warum unzählige Schiffe auf rätselhafte Art kentern. Nicht einmal die amerikanische Regierung weiß Rat. Da wird der Meereskundler Professor Aronnax zu Hilfe gerufen. Zusammen mit seinem Diener Conseil begibt er sich auf eine abenteuerliche Mission tief unter den Wellen der Meere ...

Jeder Band:
Ab 7/8 Jahren
72 Seiten • Gebunden
Mit Bücherbärfigur am Lesebändchen
www.arena-verlag.de

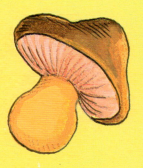